Über

den Ursprung und die Bestimmung

der Lex Dei

oder

Mosaicarum et Romanarum legum collatio

von

A. F. Rudorff.

Aus den Abhandlungen der Königl. Akademie der Wissenschaften zu Berlin 1868.

Berlin.

Buchdruckerei der Königl. Akademie der Wissenschaften (G. Vogt),

Universitäts-Strasse 8.

1869.

In Commission bei F. Dümmler's Verlags-Buchhandlung

(Harrwitz und Gossmann).

Gelesen in der Akademie der Wissenschaften am 25. November 1867.
Die Seitenzahl bezeichnet die laufende Pagina des Jahrgangs 1868 in den Abhandlungen der philosophisch-historischen Klasse der Königl. Akademie der Wissenschaften.

Die Herkunft der sogenannten Lex Dei oder Mosaicarum et Romanarum legum collatio bildet ein noch ungelöstes geschichtliches Problem. Der Verfasser ist völlig unsicher, über den Entstehungsort schwanken die Meinungen zwischen der östlichen und westlichen Hälfte des römischen Reichs, in Betreff der Entstehungszeit gehen sie vom dritten bis zum sechsten Jahrhundert unserer Zeitrechnung auseinander. Im Folgenden soll versucht werden, auf Grund einer entlegenern und bisher unbenutzten Quelle über diese Fragen Aufschlufs zu gewinnen.

I.

In dem Kreise französischer Gelehrten, welcher im sechszehnten Jahrhundert die handschriftlichen Schätze beherrschte, pflegte man die Collatio einem Licinius Rufinus zuzuschreiben.

Der Name erscheint zuerst bei Jean Dutillet, Bischof von Meaux, der um 1544 die nordfranzösischen Klosterbibliotheken untersuchte und die älteste Pithousche jetzt Berliner Handschrift wahrscheinlich in der Abtei Saint Denys vorfand.

Cujas, der natürlich nicht bezweifelte, dafs der Licinius Rufinus, welcher die Rechtsregeln abfafste und Zeitgenosse des Paulus war, nicht Urheber einer Rechtssammlung sein könne, unter deren Quellen ein Gesetz Theodosius des Grofsen vorkommt, behielt den herkömmlichen Namen gleichwohl bei, weil er sich, wie aus den im Jahre 1564 erschienenen

Observationen VII, 2 am Ende hervorgeht, unter jenem Licinius Rufinus einen christlichen Verfasser dachte. In einem Briefe an Pierre Pithou vom 17. October 1570 (MS. Dupuy 700) bittet er daher ganz unbefangen um den Licinius und nachdem er ihn abschriftlich erhalten und erwiedert hat, er habe an drei verschiedenen Orten Nachforschungen nach einer zweiten Handschrift anstellen lassen, schreibt er am 20. Januar 1571, es verlange ihn sehr die Urschrift des trefflichen Rufinus einzusehen. Der Name Licinius Rufinus erscheint dann noch öfter, einmal in den Briefen am 15. Februar 1573, dreimal in den Observationen 1573, 1585, 1595. Jedoch wechselt er mit der Bezeichnung lex Dei und collatio legis Iudaicae, denn in einem Briefe vom 11. April 1573 beklagt er die Lex Dei noch nicht im Druck gesehen zu haben und 1579 gebraucht er im neunzehnten Buch der Observationen (11) 31 die eben genannte zweite beschreibende Benennung. Als er dann endlich selbst im Jahre 1586 die Collatio mit dem Theodosischen Codex herausgab, wurde diese demonstrative Bezeichnung noch umständlicher, die namentliche ist dagegen sorgfältig vermieden.

Erst nach dem Tode des Cujas wurde seine Auctorität für die Auctorschaft des Licinius Rufinus in bestimmterer Form und Begründung geltend gemacht. Im Jahre 1594 nämlich gab Marquard Freher zu Frankfurt die Vorlesungen heraus, welche Cujas 1588 über die Quästionen des Paulus gehalten haben sollte. Darin sollte er am Ende des zwölften Buchs gesagt haben, Licinius Rufinus sei Christ gewesen und die kürzlich von Pierre Pithou edierte Collatio trage in einer gewissen Bibliothek Deutschlands den Namen Licinius Rufinus an der Stirn. Da Gilles Menage die entscheidenden Worte in quadam bibliotheca Germaniae nicht hat, da es nicht in Cujas Art ist, die Handschriften nach welchen er forschen liefs, nachdem sie sich gefunden, nur vom Hörensagen anzuführen, da endlich die einzige bekannte deutsche Handschrift, die Salzburg-Wiener, den Namen Licinius Rufinus nicht ergiebt, so hat man die ganze Notiz auf eine Erfindung Marquard Frehers zurückführen wollen, wogegen jedoch zu bedenken ist, dafs sich die gebräuchliche Bezeichnung ohne Zweifel nicht auf Frehers, sondern auf Dutillets, Cujas, Caseaubons Auctorität und den allgemeinen Gebrauch der französischen Gelehrten gründet, wie sie denn auch vor Frehers Publication auf dem Titel der Genfer Ausgabe von 1586 und der Lyoner von 1593 erscheint.

Im siebenzehnten und achtzehnten Jahrhundert haben freilich Gilles Menage und Anton Schulting in ihren kritischen Untersuchungen dieser Auctoritäten ungeachtet die Urheberschaft des Licinius verworfen und sich bei dem negativen Resultat beruhigt, dafs sich über den Verfasser der Collatio nichts ermitteln lasse. Allein in unsern Tagen hat der ältere Name durch die versuchte Einschiebung einer bestimmten geschichtlichen Persönlichkeit eine neue Stütze erhalten, deren Haltbarkeit einer genaueren Prüfung bedarf.

Jene Persönlichkeit ist keine andere als die des berühmten Rufinus, der bald nach dem nicänischen Concil zu Concordia geboren, erst im Mannesalter in einem Kloster zu Aquileia getauft, als Mönch zu Hieronymus in eine freundschaftliche Beziehung trat, welche später in eine feindliche umschlug, sodann von 371—377 in Alexandria den Wissenschaften oblag, 377—397 als Presbyter in Jerusalem und seitdem in Aquileia als Übersetzer des Josephus, Origenes und Eusebius thätig war, bis er 410 auf der Flucht vor Alarich seinen Tod fand. An diese Lebensführung und litterarische Thätigkeit hat man die Vermuthung geknüpft, Rufinus möge, als er um 390 in Jerusalem, also in der Nähe von Berytus verweilte, die Collatio in der Absicht verfafst haben, den dortigen Juristen durch eine Probe zu beweisen, dafs zwischen dem mosaischen Gesetz und dem römischen Recht, der Blüthe des heidnischen Geistes, keine unübersteigliche Kluft bestehe, vielmehr die Keime der reichen römischen Rechtsentwicklung vorlängst im mosaischen Gesetz gelegt worden seien. Den Text desselben habe Rufinus bei seiner freien Übertragung der Schrift des Origenes περὶ ἀρχῶν vielfach benutzt, er gebe ihn nicht nach der Vulgata seines Gegners Hieronymus, sondern nach der griechischen Übersetzung der Septuaginta, mit welcher auch die Collatio übereinstimme. Und nur ein gegen das Heidenthum so mild gesinnter Schriftsteller wie Rufinus, der selbst die Sentenzen des Pythagoräers Sixtus zu übersetzen kein Bedenken trug, habe sich zur Aufnahme der Diocletianischen Verordnung im fünfzehnten Titel der Collatio herbeilassen können, in welcher die Anhänglichkeit an die alte Religion empfohlen werde[1]).

---

[1]) Huschke, über Alter und Verfasser der legum Mosaicarum et Romanarum collatio: Zeitschrift für gesch. Rechtswiss. 13 (1846) S. 24—31. Vgl. Zeitschrift für Rechtsgeschichte VI (1867) S. 291 Note 19.

Wenn man jedoch die Veraussetzungen dieser Hypothese genauer prüft, so ergiebt sich zuvörderst das Bedenken, dafs der Name Rufinus in der That in der unvollständigen Handschrift des Tilius gestanden und nur die Erweiterung dieses Namens zu Licinius Rufinus auf einer nach einem bekannten Juristen haschenden Conjectur Dutillets beruht haben soll. Erwägt man nämlich, wie willkürlich die französischen Gelehrten bei der Benennung unbekannter Überlieferungen aus dem Alterthum verfahren, erinnert man sich beispielsweise an die fingierten Namen Sextus Rufus und Publius Victor für die gefälschten Regionarier, Philoxenus und Cyrillus für die bilinguen Glossare von Paris und Laon, so wird man keinen Anstand nehmen, auch den Namen Licinius Rufinus auf eine ähnliche Erfindung des Tilius zurückzuführen. Durch die Combination eines bekannten Juristen und eines eben so bekannten Kirchenschriftstellers versuchte er die beiden Elemente der Collatio anzudeuten, die wirkliche Auctorschaft jener Schriftsteller behaupten zu wollen, kam ihm nicht in den Sinn.

Nicht minder anstöfsig als diese Verwechselung einer ernstlichen und pseudonymen Bezeichnung erscheint ferner die Annahme eines oströmischen Ursprungs und einer Übersiedelung nach der westlichen Rechtshälfte, wo man die Vorrede weggelassen und die Schrift als Rechtsquelle gebraucht haben soll. Die handschriftliche Überlieferung gehört ausschliefslich dem Westen an und das Umschlagen der lebhaften Anfechtung, welche die Lehrmeinungen des Rufinus hier erfuhren, in eine entschiedene Auctorität, wäre geradezu unbegreiflich.

II.

Eine zweite Meinung läfst die Person des Verfassers dahin gestellt und sucht von dem Plan und Inhalt aus der Collatio auf die Spur zu kommen.

Im siebenzehnten und achtzehnten Jahrhundert wurde diese Auffassung von Theodor Marcilius († 1617) und Heineccius vertreten, welche die Arbeit als pariatio, den Verfasser als pariator legum Mosaicarum et Romanarum bezeichnen, in neuerer Zeit ist sie in einer am 19. Januar 1846 in unserer Akademie gelesenen Abhandlung von Herrn Dirksen folgendermafsen begründet worden.

Der Anfang der Compilation, abgesehen von der zweifelhaften Existenz einer Einleitung, wird nach dieser Ansicht als vollständig, der Schlufs dagegen als defect angenommen, weil aufser dem Erbrecht auch das Recht der Forderungen zu einer Vergleichung Anlafs gegeben haben würde (S. 6). Die Titelrubriken sind den römischen Rechtsquellen nachgebildet und dürfen daher ihrem wesentlichen Inhalt nach als ächt angesprochen werden (S. 8). Die Abweichung der lateinischen Übersetzung des Pentateuchs von der Vulgata und Itala beruht nicht auf einer Feindschaft zwischen Rufinus und Hieronymus, sondern darauf, dafs die Übersetzung des Letztern erst später vorherrschend geworden ist (S. 12—14). Der Plan der mosaischen Urkunde in den zehn Geboten und Strafbestimmungen (2, 20—22) werde in der Collatio nur scheinbar befolgt, der ursprüngliche Zusammenhang sei dem römischen System geopfert und Alles unterdrückt was zu einer Zusammenstellung mit den römischen Festsetzungen nicht geeignet erschien (S. 15—17). Dagegen seien die aufgenommenen Texte der Juristen, so wie des Constitutionenrechts vollständig und treu wiedergegeben, auch für die Bezeichnung des Ursprungs und der Chronologie jedes einzelnen Excerpts werde mittels diplomatisch genauer Angabe der Inscriptionen und Subscriptionen Sorge getragen (S. 21). Der Verfasser habe sich also nicht durch den eigenthümlichen Gedanken des mosaischen, sondern nur durch die Form und den Inhalt des bestehenden römischen Rechts bei seiner Arbeit leiten lassen (S. 16. 22). In den wenigen directen Aussprüchen, welche der Verfasser einstreue, nehme er aber gleichwohl für das mosaische Recht den Vorrang des göttlichen Gebots vor einer blos menschlichen Gesetzgebung in Anspruch, er rüge die etwa noch bestehende Disharmonie und zeichne die Verfügung der christlichen Kaiser aus, welche die Differenz im Sinne des göttlichen Gebotes ausgleiche (S. 23—28). Nach diesen Prämissen wird die Bestimmung der Collatio dahin präcisiert, dafs sie weder eine vollständige Darstellung des mosaischen noch des römischen Rechts, so wenig überhaupt, als in der Beschränkung auf die aufgenommenen Lehren beabsichtigte (S. 14. 18). Es sollte vielmehr einem praktischen Bedürfnifs abgeholfen werden, welches mit den christlich religiösen Bestrebungen des Zeitalters zusammen hing (S. 30). Der Verfasser der Collatio spreche im Kapitel 7 des sechsten Titels die Überzeugung aus, dafs in jedem Staate, dessen Bürger an einen einigen Gott glauben, das mosaische Recht zur unmittelbaren Geltung in der Praxis erhoben werden müsse, weil es nicht nur göttlichen Ursprungs sei, sondern auf den Antrag Mosis zugleich die einstimmige Sanction des Volks, also der höchsten weltlichen Gewalt erhalten habe (S. 26). Die Collatio habe daher zeigen sollen, daſs die christlichen Einwohner des römischen Reichs nicht ausschlieſslich nach den geltenden weltlichen Rechten, gleichviel ob heidnischen oder christlichen Ursprungs, zu beurtheilen seien, sondern daſs auch dem göttlichen Recht eine selbständige Geltung und Anwendung in den weltlichen Gerichten eingeräumt werden müsse (S. 29). Abgelehnt wird dagegen jeder Gedanke an die Bekämpfung des Heidenthums durch das Christenthum (S. 28. 29), jede Vermuthung über die Persönlichkeit des Compilators (S. 31—34), so wie über die Örtlichkeit (S. 18 Note 4. S. 20) und die Zeit ihrer Abfassung (S. 21 Anm. 1. S. 26 Anm. 2. 3).

Der hier aufgestellten Behauptung eines praktischen Zwecks der Collatio ist zwar Huschke (iurisprudentiae anteiustinianae quae supersunt, editio altera 1867 p. 548) entgegen getreten. Er beruft sich auf die Kürze, mit welcher das mosaische Recht im Vergleich mit dem römischen behandelt sei, auf die Verwirrung, welche die Vermischung beider herbeigeführt haben würde, auf das mosaische Ehe- und Erbrecht, an welches sich kein Christ gebunden geglaubt habe. Er hält daher an der apologetischen Bestimmung der Collatio fest. Der Verfasser habe den auf ihr Recht stolzen römischen Staatsjuristen zeigen wollen, daſs ihr Recht nur aus dem weit ältern göttlichen geschöpft sei, daſs also dieses keineswegs als staatsgefährlich gelten könne, wie man heidnischer Seits vorwende. Diesen Gedanken spreche der Compilator nicht nur unmittelbar aus, sondern er belege ihn zugleich durch Beispiele aus allen Gebieten des Rechtssystems. In jedem Abschnitte stelle er das mosaische Recht als den Keim der Entwicklung, jedoch nur dem Sinn nach und daher nicht aus der Vulgata, voran, während er in einer reichen Auswahl der fünf berühmtesten Juristen, der vorchristlichen Constitutionensammlungen und Einem besseren christlichen Kaisergesetz die üppigen Saaten veranschauliche, welche aus jenem Keime erwachsen seien.

Allein auch Dirksen behauptet nicht, daſs es dem Verfasser um die praktische Einführung des gesammten mosaischen Rechts, um Blutrache und Talion, um den Fluch der Ältern, die Bufse des Diebstahls und andere alterthümliche Rechtssatzungen zu thun war (S. 15 Anm. 5. S. 17 Anm. 2). Er beschränkt vielmehr die behauptete praktische Auctorität auf die Principien und die Vergleichungspunkte (S. 21). Er erklärt die Ausnahme, welche die vollständige Aufnahme der mosaischen Intestaterbfolge bildet, aus einer Milderung des Princips des alten jüdischen Erbrechts (S. 17. Anm. 1). In dieser Beschränkung gedacht erscheint aber der praktische Zweck der Compilation nicht verwirrender, wie die heutige Anerkennung der mosaischen Eheverbote im christlichen Kirchenrecht.

Gleichwohl liegt in dem Einwurfe ein wahres Element. Wenn nämlich das mosaische Recht als solches den christlich römischen Staat überhaupt nicht band, so konnten auch die Principien der aufgenommenen Lehren nicht ohne Weiteres auf praktische Anwendung in den weltlichen Gerichten Anspruch machen. Es bedurfte vielmehr erst einer Reception von Seiten der weltlichen Gesetzgebung, wie dieses der Verfasser der Collatio selbst in Anwendung auf die mosaische Bestimmung über den Incest anerkennt, indem er bemerkt, dafs diese erst von Theodosius vollständig befolgt sei. Entweder enthält also die Forderung einer Anerkennung des göttlichen Rechts eine priesterliche Anmafsung, oder es giebt irgend eine staatliche Auctorität für den Gebrauch der Collatio, welche auch die weltlichen Gerichte bindet. Im ersten Fall entbehrt sie jeder äufsern Auctorität, im zweiten wäre sie keine Privatarbeit mehr sondern ein Gesetzbuch, eine Behauptung welche noch Niemand gewagt hat. Der Ausweg aus diesem Dilemma wird sich weiterhin zeigen.

III.

Vorher ist jedoch noch einer dritten Meinung über die Aufgabe der Collatio zu gedenken, welche von der Chronologie ausgeht.

Ihr ältester Vertreter ist der erste Herausgeber, Pierre Pithou. Er setzt die Sammlung nach 438, weil sie eine Constitution aus dem in diesem Jahre publicierten theodosischen Codex enthalte. Dagegen soll sie vor 445 entstanden sein, da sie die Novelle Valentinian's des Dritten de homicidiis casu an voluntate nicht benutzt, welche in diesem Jahre erlassen wurde.

Andere, wie Marquard Freher (Parerga 1, 9), Jacques Godefroi (Prolegomena ad Theod. Cod. cap. 3) und Eberhard Otto (ad Papinianum 21, 139) gehen sogar bis in's Zeitalter Cassiodors und der westgothischen Lex Romana, bis an das Ende des fünften und das beginnende sechste Jahrhundert herunter. Sie berufen sich theils auf die Spuren sinkender Latinität in dem Gebrauch von quia für quod, (denn incipit mit dem Accusativ könnte Fehler des Abschreibers sein) theils auf die Zurückführung alles Rechts auf Moses, welche sich in solcher Ausschliefslichkeit aufser bei Tertullian nur bei Cassiodor wiederfinde. Dieser Meinung ist Blume beigetreten, indem er p. VIII. IX der Vorrede zu seiner Ausgabe die Persönlichkeit des Auctors der Collatio in der dreifachen Richtung zu bestimmen sucht, dafs er erstlich Christ, nicht Jude gewesen sein müsse, weil er auf die Übereinstimmung des mosaischen Rechts mit dem von den Juden verachteten römischen Gewicht lege, zweitens Cleriker nicht Jurist, da er mit seinem scitote iurisconsulti quia·Moyses prius hoc statuit den Juristen entgegentrete, endlich drittens, dafs er mit der Advocatur und bischöflichen Jurisdiction vertraut erscheine. Daher ist Blume nicht abgeneigt, den Ioannes Scholastikos für den Verfasser zu halten, ohne an dessen Beziehung zu Byzanz Anstofs zu nehmen.

Im Gegensatz dieser sehr späten Zeitbestimmungen ist Hänel zu L. 6 Theod. Cod. ad legem Iuliam de adulteriis (9, 7) p. 846 seiner Ausgabe des Theodosischen Codex wieder auf die Jahre 426 oder 429 und 438 als Entstehungszeit der Collatio zurück gegangen, indem er in der Collatio die Ausführung des Theodosischen Projects eines Gesetzbuchs für den praktischen Gebrauch zu erkennen glaubt. Allein wie hätte das mosaische Recht, welchem man nicht einmal in dem gelehrten Theodosischen Codex eine Stelle gönnte, eine solche in dem praktischen Landrecht finden können? Wie wenig pafste die Belehrung scitote iurisconsulti quia Moyses prius hoc statuit, wenn man sich unter diesen iurisconsulti Praktiker denkt, welche das Gesetzbuch anwenden sollten.

Überzeugender ist die auch von Heimbach (Jenaer Litt. Zeitung 1843 S. 419) gebilligte Bemerkung Hänels, dafs die Collatio nicht jünger sein könne als die Publication des exclusiven Theodosischen Codex im Jahre 438, weil sie eine Theodosische Constitution vom Jahre 390 nicht aus diesem offiziellen Gesetzescodex citiere. Denn schon Pithou hatte bemerkt, dafs diese im Titel 5 Kapitel 2 und 3 angeführte Verordnung, so wie sie in der Collatio mitgetheilt wird, unmöglich dem Theodosischen Codex entlehnt sein könne.

Dafs er richtig gesehen bestätigt zunächst der Zusammenhang. Das mosaische Recht hatte nach dem ersten Kapitel die Unzucht unter Männern mit dem Tode beider bedroht. Im vorchristlichen römischen Recht war diese Strenge gemildert. Paulus kennt nur eine Kapitalstrafe des gewaltthätigen Stuprator, der Andere wird nur im Fall der Zustimmung mit dem Verlust des halben Vermögens und der Testamentserrichtung über den gröfsern Theil gebüfst. Theodos aber, bemerkt der Pariator, hat den heidnischen Rechtsbrauch verbessert und sich dem mosaischen Gesetz vollständig gefügt: 'hoc quidem iuris est, mentem tamen legis Moysis imperatoris Theodosii constitutio ad plenum secuta cognoscitur'.

Es folgt die Constitution selbst, aber in einer vom Theodosischen Codex völlig abweichenden Gestalt. In der Einleitung erklären die Kaiser Valentinian Theodosius und Arcadius nicht länger dulden zu können, dafs die Stadt Rom, die Mutter aller männlichen Tugenden durch männliche Laster entarte: 'non patimur urbem Romam, virtutum omnium matrem, diutius effeminati in viros pudoris contaminatione foedari et agreste illud a priscis conditoribus robur, fracta molliter pube tenuatum, convicium saeculis vel conditorum inrogare vel principum, Orienti karissime ac iucundissime nobis'. Diese Einleitung ist im Theodosischen Codex ganz weggelassen. Die Subscription im Theodosischen Codex hat dagegen die Consuln Valentiniano Augusto IV et Neotherio consulibus, welche in der Collatio fehlen und sie benutzt eine Abschrift, welche auf dem Forum Trajans am 13. August ausgestellt war, während der Collatio eine am 14. Mai zu Rom im Atrium der Minerva proponierte Ausfertigung zum Grunde liegt.

Es ist also nicht wohl zu bestreiten, dafs die Constitution aus dem Theodosischen Codex nicht entnommen sein kann und dafs die Bemerkung item Theodosianus, welche sich gleichwohl hinter der Inscription findet, gleich den Kapitelrubriken erst auf einem Einschiebsel der Abschreiber beruht. Dies wird auch durch die Thatsache bestätigt, dafs der Theodosische Codex dem Verfasser der Collatio überhaupt nicht bekannt war, weil er das neuere christliche Constitutionenrecht nur in der Gestalt vereinzelter Extravaganten der ältern vorchristlichen Constitutionensammlungen anführt. Am Schlufs des vierzehnten Titels heifst es nämlich: 'sciendum tamen est ex novellis constitutionibus capitali sententia plagiatores pro atrocitate facti puniendos, quamvis et Paulus relatis supra speciebus crucis et metalli huiusmodi reis inrogaverit poenam' und der Ausdruck novellae constitutiones schliefst wenigstens Constantins Edict in L. un. C. Th. ad legem Fabiam (9, 20) mit ein, wenngleich er gerade hier in etwas weiterer Bedeutung auch eine Diocletianische Constitution, L. 7 desselben Titels im Justinianischen Codex (9, 18), ja schon ein Fragment Hermogenians, L. 7 D. de lege Fabia (48, 15) anzeigen könnte, da diesem die Capitalstrafe ebenfalls schon bekannt ist. Der eigentliche Quellencanon aber, mit welchem der Compilator das römische Recht ordentlicher Weise vertritt, ist noch ganz derselbe, welcher nach dem Abschlufs des Edicts durch Hadrian und der Übertragung des magistratischen Ergänzungsrechts auf den Kaiser und seine Juristen mafsgebend wurde. Er besteht 1) in den Responsen der berühmtesten fünf Juristen, deren Schriften in ganz alterthümlicher Weise unter Anführung der Titelrubriken angeführt werden und 2) in der Gregorianischen und Hermogenianischen Sammlung der ergänzenden kaiserlichen Rescripte.

Dafs also der Theodosische Codex nicht benutzt ist und über das Jahr 438 zurück gegangen werden darf, unterliegt keinem Anstande. Zweifelhafter könnte scheinen, ob die Collatio auch über das Citiergesetz vom Jahre 426 hinauf gerückt werden dürfe, da sie den Gaius benutzt, der als älterer theoretischer und nicht privilegierter Jurist hinter den übrigen zurückstand bis das Citiergesetz seinen Schriften gleiche Auctorität verlieh, und da Paulus Sentenzen citiert sind, deren unbedingte Auctorität ebenfalls erst im Citiergesetz ausgesprochen ist. Allein Gaius bildete die Grundlage nicht nur des Elementarunterrichts, sondern auch des Rechtsstudiums für den Civilrechtscursus und Paulus Sentenzen hatte schon Constantin im Jahre 327 eine 'recepta auctoritas' zugestanden.

Diesem nach würde nicht nur kein Hindernifs im Wege stehen, über das Jahr 426, es würde sogar gestattet sein über das Todesjahr Theodosius des Grofsen, welcher 395 zu Mediolanum starb, ja bis zur Abfassung der im fünften Titel citierten Theodosischen Constitution, also bis 390 zurück zu gehen. Dafür nämlich sprechen zwei nicht zu verachtende Gründe. Einmal dafs unter den drei Regenten des Jahrs 390 gerade nur Theodosius und zwar mit dem einfachen Titel imperator angeführt ist. Zweitens, dafs die Consuln in der Collatio nicht vorkommen. Zwar fehlen diese auch 15, 3 in einem Rescript aus dem Gregorianus, hier aber möchte ein anderer Umstand die Ursache sein, da der Verfasser es sonst nach dem Zusatz zu 6, 5 mit der Chronologie der Constitutionen sehr genau nimmt, (vgl. Huschke in der Ztschr. für Rechtsgeschichte VI (1867) S. 286) nämlich die Unvollständigkeit der ältern Sammlung, woran bei der neuen Extravagante nicht zu denken ist.

Neuerdings ist in dieser chronologischen Frage auch auf den Umstand Gewicht gelegt worden, dafs der Compilator weder die Constitution Valentinian's II, Theodosius I und seines Sohnes Arcadius an den Cynegius von unbestimmtem Datum erwähne, welche in L. 5 C. de incestis nuptiis (5, 5) erhalten ist, noch die Verordnung des Honorius und jüngern Theodosius in L. 4 C. Th. de incestis nuptiis (3, 12) vom Jahre 415[1]). Allein mit dergleichen vom Stillschweigen entlehnten Argumenten würde sich ohne Schwierigkeit sogar ein höheres Alter als das Jahr 390 beweisen lassen, denn auch in andern Lehren fehlen ältere Constitutionen, deren Aufnahme man erwarten könnte. Unter andern sind im fünfzehnten Titel sowohl die Erlasse des ältern Valentinian und des Valens aus den Jahren 370 und 371 über die Verfolgung der divinatorischen Künste nicht aufgenommen, als der Erlafs Valentinians II übergangen ist, welcher im Jahr 389 diesen schrecklichen Verfolgungen Mafs und Ziel setzte[2]).

Ein anderes Gegenargument gegen die Entstehung der Collatio im Jahr 390 hat man aus der sinkenden Latinität entlehnt. Aber schon Huschke[3]) hat gezeigt, dafs die Latinität, welche gegen Ende des fünften Jahrhunderts herrschend wurde, in kirchlichen Kreisen schon früher im Gebrauch war und namentlich auch Ausdrücke wie modo für nunc (1, 2) Moyses legaliter dicit (1, 5) ad plenum (5, 2) cognoscitur für est (5, 2) consona voce (6, 7) quia für quod (7, 1) consona voce (7, 1) plagiatores,

---

1) Dirksen in den Abhandl. der Akademie 1846 S. 21 Anm. 1. S. 26 Anm. 2. 3.

2) L. 9. 10. 11 C. Theod. de maleficis (9, 16) L. 9 Cod. Iust. eodem (9, 17) vgl. Tillemont V, 1 — 418 und Godefroi zum Theod. Codex, wo die Nachrichten aus Ammian (26 — 31), Zosimus und Zonaras gesammelt sind; Broglie l'eglise et l'empire 3^{e} partie 1866 (Champagny im Correspondant LXVIII p. 499 — 527) H. Richter das weström. Reich v. 375 — 388 (1865) v. Reumont Gesch. der Stadt Rom I. S. 699. 811.

3) Huschke, Zeitschrift für geschichtl. Rechtswissenschaft 13 (1846) S. 22. 23.

ex novellis constitutionibus, supra relatis speciebus (15, 6) schon bei Rufinus begegnen, andere Fehler aber, wie der Accusativ und das Neutrum in der Überschrift incipit legem Dei quod Deus praecepit ad Moysen nur Versehen der Abschreiber sind. Maledicti 6, 7 'et utique omnes maledicti puniti sunt quos divina et humana sententia consona voce dampnavit' hat selbst in der profanen Litteratur in der an Constantin gerichteten Biographie Geta's einen Vorgänger: 'maledicte parricida, fratrem occidisti'. (Spart. Geta 3).

Faſst man das Ergebniſs der bisherigen Untersuchungen zusammen, so stellen sich zwei feste Punkte heraus. Erstlich die Zeit der Abfassung um das Jahr 390. Zweitens der Zweck dem Geiste des mosaischen Rechts, der mens legis Moysis, Kraft seiner sittlichen Erziehung durch den kernigen Decalogus, Kraft seines Alterthums und seiner Gründung auf die Übereinstimmung der göttlichen und der höchsten menschlichen Auctorität die 'consona vox' der 'divina et humana sententia' (6, 7 vgl. mit 5, 2 und 7, 7) Anerkennung zu beanspruchen.

Dagegen hat sich die Zurückführung auf Rufinus und der Ursprung im Orient als unerweislich ergeben.

Es bleiben jedoch noch zwei offene Fragen übrig: die erste betrifft die Person des Verfassers, die zweite die praktische Bedeutung der Collatio in der Rechtspflege des christlich römischen Staats.

Die Lösung beider Fragen soll im Folgenden versucht werden.

IV.

Ende des dreizehnten oder Anfangs des vierzehnten Jahrhunderts verfaſste der nestorianische Metropolit von Nisibis und Armenien, Ebediesus Sobensis († 1318) eine Sammlung von Synodalschlüssen, welche Alois Assemani nach zwei Handschriften der Vaticana aus dem Syro-Chaldäischen in das Lateinische übertrug[1]) und Angelo Mai nach einer

---

[1]) Ebêdjesu Decisio iurum ecclesiasticorum bei Assemani bibliotheca orientalis III, 1 p. 267.

dritten von Assemani für verloren gehaltenen Handschrift im zehnten Bande seinen scriptores wiederholte[1]). Sie besteht aus neun Abhandlungen. In der Vorrede zu der dritten Abhandlung, welche die Intestaterbfolge betrifft, giebt Ebedjesu eine Rechts- und Litterargeschichte dieses Abschnitts, in welcher er zeigen will, wie aus den ältern verworrenen und einander widersprechenden Bestimmungen in der morgenländischen Kirche die einfache Ordnung erwachsen sei, deren die Intestaterbfolge am allerwenigsten entbehren könne. Der Verfasser beginnt mit den Synodalschlüssen der Apostelzeit, mit den Synoden der 318 zu Nicäa (325) und der 150 Bischöfe zu Constantinopel (381). Nach diesen allgemein anerkannten kirchlichen Grundlagen weist er auf die weltlichen Gesetze der rechtgläubigen Kaiser Constantin, Theodosius und Leo hin. Darunter ist eine Compilation bürgerlicher Rechtsbestimmungen für den kirchlichen Gebrauch zu verstehen, welche kurz nach Leo's Tode († 474) verfaſst wurde und in syrischer, arabischer und armenischer Überlieferung unter den Nestorianern und Monophysiten bis in's Mittelalter in der kirchlichen Rechtspflege der Bischöfe in Ansehen blieb, während die byzantinischen Gesetze, welche die Schlüsse der 630 zu Chalcedon (451) anerkannten, beiden seit dem sechsten Jahrhundert von der griechischen Kirche getrennten Religionsparteien fremd blieben. Diesen allgemein kirchlichen und 'abendländischen' Kaisergesetzen läſst dann Ebedjesus eine detailierte Geschichte der von den Patriarchen der morgenländischen Kirche gegebenen Erbfolgeordnungen folgen, welche für unsere Frage kein weiteres Interesse darbietet.

Dagegen heiſst es nach Erwähnung jener beiden älteren von den Nestorianern anerkannten öcumenischen Concilien der 318 und 150 in der schon von Aloysius Assemani aufgestellten lateinischen Version des syrischen Originals, welcher Mai gefolgt ist, wörtlich:

> 'Sequiori adhuc aevo alias adiecit leges Ambrosius Mediolanensis episcopus, ab imperatore Valentiniano iussus scribere statuta et ordines iudiciorum praefectis locorum.

---

[1]) Ebediesu metropolitae Sobae et Armeniae collectio canonum synodicorum ex Chaldaeis bibliothecae Vaticanae codicibus sumpta et in Latinam linguam translata ab Aloysio Assemano. Praecedit epitome canonum apostolicorum auctore eodem Ebediesu in den Scriptorum veterum nova collectio. Tom. X. Romae 1838. 4°.

Ex Christianis praeterea principibus leges et iura scripsere Constantinus ille magnus, Theodosius et Leo idque, sicut nobis traditum est, in occidente praestitere'.

oder nach einer genaueren und in mehreren wichtigen Punkten abweichenden Übersetzung von Herrn Rödiger:

Composuit deinde (leges) post hos Ambrosius episcopus Mediolanensium, quum a Valentino (l. Valentiniano) rege iussus esset ut scriberet et in ordinem redigeret iura (syr. *dînê* bed. gewöhnl. iudicia oder statuta) et ordines (syr. *teksê* d. i. τάξεις) praefectis (syr. *hîgemûnî* d. i. ἡγεμόσι) regionum (syr. *athrawâthâ*). Et ex regibus christianis etiam scripserunt iura (syr. *dînê*) et decreta (syr. *pesākê* eigentlich decisiones) Constantinus ille magnus et Theodosius et Leo. Et haec quidem, ut comperimus, in terra occidentis.

Folgt von den Worten in oriente vero nostro an die Geschichte der nestorianischen Erbfolgeordnungen.

In unbestimmterer Weise wird aufserdem noch 2, 13 und 16 Ambrosius episcopus et martyr ac imperatores Graeci für die abendländischen Auctoritäten gebraucht.

Zu diesen Nachrichten bemerkt Assemani bibl. or. 3, p. 269: 'undenam id hauserit Sobensis incertum. Leges quae Valentiniani nomen praeferunt non alia videntur ratione Ambrosio tributae, quam quod ei aequales fuerunt et aliqua negotia iussu Valentiniani Ambrosium suscepisse ex historia ecclesiastica compertum est'.

Allein Ebedjesu war ein zu gründlicher Kenner der syrischen, arabischen und griechischen kirchlichen Litteratur um ihn in so leichter Weise beseitigen zu können, seine Schriften erhielten unmittelbar nach seinem Tode durch Synodalschlufs unter dem Katholikos Timotheus dem Zweiten in der nestorianischen Kirche canonisches Ansehen und die alten Traditionen der Schule von Nisibis[1]), die er für die iura und leges Constantini Theodosii et Leonis anzurufen scheint, werden durch den Inhalt und die Überlieferung dieser Sammlung vollständig bestätigt.

---

[1]) Iunilius de partibus divinae legis (praefatio), Assemani bibl. Vat. tom. III. p. 2. f. 927, Neander, Kirchengeschichte 2, 1 (1828) S. 319. Note 2.

Überhaupt darf man den Nestorianern und Monophysiten, gerade weil sie sich seit dem Ende des fünften Jahrhunderts von der byzantinischen Kirche trennten und die spätere Gesetzgebung der oströmischen Kaiser verwarfen, zutrauen, dafs sie über die älteren Quellen, welche sie selbst als bindend anerkennen, um so besser unterrichtet sind.

Die Nachricht ohne weitere Prüfung abzuweisen, weil sie aus unbekannter und entlegener Quelle stammt, sind wir daher nicht berechtigt. Vielmehr ist zu prüfen, ob sie anderweit bestätigt oder widerlegt wird. Sollte sich aus dieser Untersuchung ergeben, dafs Ebedjesu nicht weniger gut über Valentinian und Ambrosius unterrichtet war als über die sogenannten Gesetze des Constantin, Theodosius und Leo, so dürfte der Verfasser und die Bestimmung der Collatio entdeckt sein.

Diese Untersuchung aber ist auf drei Fragen zu richten 1) auf die Identität der dem Valentinian und Ambrosius zugeschriebenen Sammlung mit der Collatio, 2) auf die Auctorschaft beider im Verhältnifs zu der letzteren, 3) auf ihre Bestimmung für den praktischen Gebrauch der Ortsbehörden.

V.

Kann also unter der von Ebedjesu dem Valentinian und Ambrosius zugeschriebenen Sammlung die Collatio verstanden sein?

Drei Thatsachen werden über die Gesetze des Valentinian und Ambrosius ausgesagt: Erstlich sollen sie jünger sein als das Concil der 150 zu Constantinopel im Jahre 381. Zweitens sollen sie älter sein als die leges Constantini Theodosii et Leonis und gleich diesen dem Occident angehören, unter welchem die Nestorianer aber auch Byzanz verstehen, da nicht nur die Kaiser Theodosius der Zweite und Leo sondern auch der Patriarch Nestorius so wie der Archimandrit Eutyches daselbst gelebt hatten. Drittens mufs sich die Sammlung über die Intestaterbfolge verbreitet haben, da sie in der Einleitung zu dieser Lehre erwähnt wird.

Alle drei Kriterien treffen bei der Collatio zu. Hält man das Jahr 390 als ihre Entstehungszeit fest, so ist sie jünger als die öcumenische Kirchenversammlung zu Constantinopel und älter als die Gesetze Constantins und Leo's, welche wie bemerkt dem letzten Viertel des fünften Jahrhunderts angehören. Diese Gesetze aber beginnen mit der Intestaterbfolge, mit welcher die Collatio im sechszehnten Titel de legitima successione abschliefst. Sie scheinen sogar die Collatio benutzt zu haben. Denn der erste Artikel enthält ein ganz ähnliches Gemisch mosaischer und römischer Bestimmungen, wie der Schlufstitel der Collatio. In Ermangelung von Söhnen erben die Töchter, wie nach dem ersten aus Numeri 27, 1—8. 11 entlehnten Kapitel der Collatio, in der weiteren Parentelenordnung aber gehen die Agnaten den Cognaten vor und vom dritten Grade an sind die Weiber ganz ausgeschlossen, so dafs hier das römische Element der Collatio 16, 3 § 13—20 zum Vorbild gedient hat. Damit stimmt auch die armenische Vorrede aus dem Ende des zwölften Jahrhunderts, welche bezeugt, dafs die Könige der Franken von Constantin anfangend, statt alle Völker nach den von den Heiden entlehnten Gesetzen zu regieren, die mosaischen Gesetze, welche Gott gegeben, zur Grundlage der ihrigen gewählt hätten.

Selbst aufser der Intestaterbfolge finden sich einige Spuren der Benutzung der Collatio. Die Strafen des Diebstahls, Einbruchs und Abigeats in den Artikeln 77. 81. 82 und die Culpa bei dem Depositum Artikel 127 kommen in übereinstimmender Weise theils in den mosaischen theils in den römischen Abschnitten der Collatio 7, 1 § 1. 2; 7, 4 § 1; 10, 3 § 1 und 11, 7 vor, wodurch freilich nicht ausgeschlossen ist, dafs sie gleich dieser aus dem Pentateuch und der Schrift des Ulpian de officio proconsulis unmittelbar genommen sein könnten.

Zu diesen übereinstimmenden Einzelheiten kommt noch das allgemeine Verhältnifs der Collatio zu der Gesetzgebung der christlichen Kaiser. Der armenische Übersetzer der leges Constantini, Mechitar Gosch bemerkt, dafs diese Gesetzgebung von Constantin an auf dem Evangelium beruhe, durch welches das Gesetz Mosis antiquiert sei. Vergleicht man hiermit die Äufserung der Collatio 5, 1 'mentem tamen legis Moysis imperatoris Theodosii constitutio ad plenum secuta est', so ergiebt sich dafs sie selbst zwar noch auf dem Boden des Gesetzes steht, dafs sie aber zugleich schon über sich hinaus auf die christlichen Kaisergesetze verweist und in diesen des Gesetzes Erfüllung sieht.

Es existiert mithin nicht nur kein objectiver Gegengrund, welcher die Beziehung der von Ebedjesu bezeichneten Gesetze auf die Collatio ausschlösse, sondern Entstehungszeit und Inhalt ergeben dafür mehrfache

Bestätigung, wie denn auch gewifs keine andere Rechtssammlung aufzufinden sein dürfte, auf welche jene Nachricht gedeutet werden könnte.

VI.

Wenn aber die Collatio gemeint ist, darf auch die Auctorschaft des Ambrosius für dieselbe in Anspruch genommen werden?

Ein direktes Zeugnifs für diese subjective Beziehung giebt es nicht, denn die Bemerkung in der Handschrift von Vercelli 'Ambrosius iudex hunc legem scrisi in hoc libro' (sic) bezieht sich auf ein Edict des Rotharith und einen lombardischen Richter des zehnten oder elften Jahrhunderts.

Dagegen fehlt es nicht an starken indirekten Beweisen. Denn es giebt schwerlich eine historische Persönlichkeit, welche der Rechtsumwälzung des vierten Jahrhunderts näher stände und das Vertrauen beider in dieser Frage entscheidender Kaiser, Valentinian's I und Theodosius I im gleichen Grade besessen hätte, als die des grofsen Staatsmanns und Kirchenfürsten, welcher vom Jahre 374 bis 397 im kräftigsten Mannesalter den wichtigsten Episcopat des Abendlandes, in dem Kaisersitze Mediolanum, bekleidete.

Das Leben dieses bedeutenden Mannes liegt in seltener Deutlichkeit in einer fast gleichzeitigen und unausgeschmückten Erzählung vor, welche Paulinus, ein Cleriker niederen Grades, aber ein Vertrauter der Familie des Ambrosius, auf den Wunsch des Bischofs Augustinus, in Afrika, zwischen den Jahren 412 und 422, entworfen hat. Diese Biographie ist zum Theil aus eigenen Anschauungen, zum Theil aus Überlieferungen der Marcellina, der Schwester des Ambrosius geschöpft und gegen jede Übertreibung legt der Verfasser förmlich Verwahrung ein. Aus dieser zuverlässigen Quelle, aus Socrates, Sozomenos, Theodoret und den eigenen Schriften des Ambrosius hat eine überreiche Litteratur aller Sprachen, haben die Benedictiner und Lenain de Tillemont ihre ausführlichen Lebensbeschreibungen zusammengestellt. Für den vorliegenden beschränkten Zweck genügt es an die Thatsachen zu erinnern, welche die Stellung des Ambrosius zu Valentinian und Theodos erkennen lassen.

Der Kirchenlehrer Ambrosius war um das Jahr 334 in Gallien geboren, wo sein Vater die Präfectur verwaltete. Die Familie gehörte der höchsten römischen Aristocratie an, sie war mit den Aurelii, namentlich mit den Aurelii Symmachi verwandt[1]). Mutter und Schwester waren dem christlichen Glauben zugethan, in diesem wurde auch Ambrosius nach dem nicänischen Bekenntnifs in Rom erzogen. Durch den Unterricht (und zwar ohne Zweifel auch den Rechtsunterricht) in der alten Hauptstadt zum Staatsdienst vorbereitet trat er 369 als Rath mit seinem Bruder in die italische Präfectur und erhielt dann als Consular die Verwaltung der Aemilia und Liguria mit dem Sitze in Mediolanum. Der Präfect von Italien Sextus Petronius Probus soll ihm, als er seine Aufträge einholte, das Abschiedswort auf den Weg gegeben haben: 'vade, age non ut iudex, sed ut episcopus'. Baronius 369 § 39 bemerkt freilich mit Recht, dafs es nicht als Vorhersagung des künftigen Berufs, sondern als Warnung vor den Härten der Valentinianischen Verwaltung gemeint war. Dennoch war es bedeutungsvoll gewesen. Es erfüllte sich als im Jahre 374 nach dem Tode des arianischen Bischofs von Mediolanum, Auxentius, über die dortige Bischofswahl zwischen den Athanasianern und Arianern der heftigste Kampf unter den Bischöfen in der Basilica und unter dem draufsen harrenden Volke ausbrach. Ambrosius war als kaiserlicher Beamter herbeigeeilt um durch sein Ansehen und Zureden die Ruhe herzustellen. Da soll dem Ruf einer Kinderstimme, die ihn selbst zum Bischof ausrief, nach dem Volksglauben die allgemeine Zustimmung gefolgt sein. Valentinian I, als ihm die Wahl berichtet wurde[2]), vernahm mit Genugthuung, dafs einer seiner Beamten zum Bischof proclamiert sei. Ambrosius aber, welcher nach der Sitte der Zeit noch nicht einmal die Taufe empfangen hatte, sträubte sich ernstlich gegen die Annahme. 'Raptus sum a tribunalibus atque administrationis infulis ad sacerdotium' klagt er de off. 2, 4 und de poenit. c. 8 n. 67, 'non sum dignus vocari episcopus, quoniam dederam me saeculo huic'. Er kannte die schwierigen Verhältnifse am Hofe. Zwar der Kaiser selbst war der einzige unter allen römischen Imperatoren, der nach allen Seiten

---

[1]) De Rossi im Bullettino d'Arch. crist. 1864, p. 73 — 77 Cavedoni daselbst 1865, p. 15. 16. Der Vorname des Augustinus, Aurelius, rührte von Ambrosius her.

[2]) Theodoret hist. eccl. 4, 7 setzt voraus, dafs Valentinian bei der Bischofswahl des Ambrosius in Mediolanum gewesen sei. Allein Paulinus bezeugt seine Abwesenheit (vita Ambr. p. 79) und aus Ammian erhellt, dafs er während des Winters 374 in Trier oder am Rhein war. Tillemont p. 733.

Gewissensfreiheit und Duldung gewährte[1]), obgleich er für seine Person dem nicänischen Glaubensbekenntnifs zugethan war und auch deshalb die Wahl des Ambrosius gern sah. Die Kaiserin Justina aber war eifrige Arianerin und Ambrosius nicht der Mann, der Heterodoxie als gefügiger Hofbischof irgendwelche Concession zu machen. Er stellte daher die Bedingung, in seinem bischöflichen Amte vom Hofe nicht beunruhigt zu werden. Dagegen rügte er seinerseits mit grofsem Freimuth die Mifsbräuche in der Verwaltung der weltlichen Behörden. Theodoret hat eine Äufserung aufbewahrt, welche mit dem Bericht des Ebedjesu über die dem Ambrosius aufgetragene Rechtsordnung ziemlich genau übereinstimmt. Valentinian soll ihm erwiedert haben: sein Freimuth sei ihm längst kein Geheimnifs, aber gerade deshalb habe er seine Wahl nicht allein kein Hindernifs in den Weg gelegt, sondern ihr sogar zugestimmt. Der Bischof möge also die Heilmittel anwenden, welche das göttliche Gesetz vorschreibe[2]). Die mailändische, wie andere lateinische und selbst griechische Kirchen, gedenken der Ordination des Ambrosius am 7. December — der 3e beruht auf einem Irrthum einiger Martyrologien — das Jahr ist unstreitig 374.

Aber Valentinian starb schon bald darauf am 17. November 375 zu Bregetium bei dem heutigen Komorn und die nun folgenden Stürme und unvermittelten Gegensätze brachten andere Aufgaben als die Reform der bürgerlichen Gesetzgebung, so sehr sie erkennen lehrten, dafs auch diese einer neuen Grundlage bedürfe. Valentinian II, der die italische Präfectur mit der Residenz Mediolanum erhielt, war ein vierjähriges Kind, auf seinem Halbbruder, dem siebenzehnjährigen Gratian, der von Treviri aus die gallische Präfectur regierte, lag daher die ganze Last des westlichen Imperiums. Im Osten war Valens bei Hadrianopel am 9. August 378 den Gothen unterlegen, Theodosius, dreiunddreifsigjährig und militairisch

---

[1]) In L. 9 C. Th. de maleficis (9, 16) beruft er sich selbst auf die 'leges a me in exordio imperii mei datae, quibus unicuique, quod animo imbibisset, colendi libera facultas tributa est'. Andere Zeugen sind Ammian. 30, 9, Ambros. or. de obitu Valentiniani und ep. 30, Symmach. 10 ep. 54; vgl. Neander, Kirchengesch. 2, 1 S. 147.

[2]) Theodoret. hist. eccl. 417 ταύτην σου, ἔφη ὁ βασιλεύς, καὶ πάλαι ᾔδειν τὴν παῤῥησίαν· καὶ σαφῶς ἐπιστάμενος, οὐ μόνον οὐκ ἀντεῖπον, ἀλλὰ καὶ σύμψηφος τῇ χειροτονίᾳ γεγένημαι· ἰάτρευε οὖν, ὡς ὁ θεῖος ὑπαγορεύει νόμος, τὰ τῶν ἡμετέρων ψυχῶν πλημμελήματα.

tüchtig, welchen Gratian am 11. Januar 379 zum Mitregenten annahm, schlofs ein günstiges Foederativverhältnifs mit ihnen ab. Allein die germanischen Elemente, im Osten gothische, im Westen fränkische, drangen in das römische Heer und in die römische Verwaltung, beiden fehlte die Kraft, um sie zu verschmelzen. Gratian, durch die Hinneigung zu den Franken verhafst und gleichwohl von dem Franken Merobaudes verrathen, wurde, erst 25 Jahr alt, am 25. August 383 zu Lugdunum ermordet. Den jüngern Bruder Valentinian II traf neun Jahr später das nämliche Schicksal, weil er die römischen Elemente im Heer und der Verwaltung begünstigte. Er wurde auf Anstiften des Franken Arbogast am 15. Mai 392 zu Vienna ermordet. Aber die Usurpation, der beide Brüder unterlagen, wurde von Theodosius niedergeworfen. Maximus, der den Gratian in Gallien besiegt und damit noch nicht zufrieden, auch Valentinian aus Italien vertrieben hatte, fand im Sommer 388, Eugenius, welchen Arbogast erhoben hatte, im Sommer 394, beide bei Aquileia den Tod. Aber auch Theodosius vereinigte nur kurze Zeit die beiden Hälften des Reichs. Er starb schon im folgenden Jahre, am 17. Januar 395, zu Mediolanum, zwei Jahre vor Ambrosius, der ihm, wie dem jungen Valentinian, die noch vorhandenen Grabreden hielt. Nach des Kaisers und des Bischofs Tode ging das abendländische Reich raschen Schrittes seiner Auflösung entgegen. Der letzte grofse Imperator und der erste grofse abendländische Bischof waren einander ebenbürtig gewesen.

Mit sittlichen Ernst und festem Muth hatte Ambrosius in Mitten dieser gährenden Elemente einer neuen Zeit seine bischöfliche Magistratur verwaltet. Die Kirche war, seitdem ihre innere Stärkung durch das Martyrium nachgelassen, der Willkür der christlichen Kaiser dienstbar geworden. Dieser Verfall trug die Schuld, dafs tiefere Naturen, wie Julian, vom Christenthum selbst abfielen. Aber während unter Valens die östliche Kirche zu einem arianischen Staats- und Hofinstitut entartete, ist es die weltgeschichtliche Bedeutung des Ambrosius, in der abendländischen Kirche in den Kämpfen mit Symmachus und Justina die Gemeinschaft mit dem verfallenden heidnischen Staat und der Arianischen Hofpartei gebrochen zu haben. Denn das Bleibende in diesen Kämpfen ist, dafs nicht Hierarchie und Dogmatismus, sondern die sittlichen Forderungen des Christenthums ihr letztes Ziel waren. In heiligem Zorn über die Hinrichtung des Priscillius spricht es Ambrosius aus, dafs die Kirche nie verfolgen dürfe und ohne Rücksicht auf das nicänische Bekenntnifs fordert er in weltlichen Dingen Unterwerfung unter die Staatsgewalt, in sittlichen Fragen Gehorsam gegen Gottes Gebot. Als Gesandter an den Usurpator Maximus, der sich als eifriger Nicäner gebehrdete, hebt er die Kirchengemeinschaft mit den nicänischen Hofbischöfen in Treviri auf und während er mit Gefahr des eigenen Lebens den Tyrannen des Mordes an Gratian beschuldigt, rettet er dem jungen Valentinian Thron und Leben (384). Theodos den Grofsen aber lehrte er einen andern Bischof kennen, als er am Hofe zu Constantinopel zu sehen gewohnt war. Nach dem Blutbade in der Rennbahn zu Thessalonica, durch welches der erzürnte Kaiser die Ermordung seines Magister militum Boterich und einiger Kriegsleute im Jahre 389 gerächt hatte, nöthigte Ambrosius den Kaiser durch die Excommunication zu öffentlicher Genugthuung, wenn auch nicht, wie die Überlieferung behauptet, durch öffentliche Zurückweisung an der Kirchenthür, so doch auf eine des staatsmännischen und rechtsgelehrten Bischofs würdigere und die kaiserliche Auctorität nicht verletzende Weise. Da der Gegenbefehl, welchen Theodosius erlassen, zu spät eingetroffen war um das Unglück zu verhindern, so bestand die angemessene Bufse in einem angemessenen Aufschub der Rechtswirkung. Dieser wurde von dem vierzigjährigen leidenschaftlichen Kaiser in einem Gesetz ausgesprochen, welches in den Handschriften des Theodosischen Codex dem Gratian und Valentinian zugeschrieben und in das Jahr 382 gesetzt wird, während Baronius und Godefroi mit überwiegenden Gründen, namentlich aus der zum Theil wörtlichen Übereinstimmung mit dem noch vorhandenen Schreiben des Ambrosius an den Kaiser[1]), dargethan haben, dafs es von Theodosius im August 390 in Verona erlassen ist, in welcher Stadt dieser im August und September dieses Jahres verweilte. Es ist die L. 13 (si vindicari) C. Th. de poenis (9, 40), nach welcher aufsergewöhnliche Strafdecrete des Kaisers erst nach 30 Tagen vollstreckbar sein, bis dahin aber die Gefangenen in sicherer Haft gehalten werden sollen. Dagegen liefs sich selbst vom Standpunkt des bestehenden Rechts nichts einwenden. Denn schon ein Senatusconsult unter Tiberius hatte für Senats-

[1]) Ambrosii ep. 59.

urtheile eine zehntägige Suspension verordnet[1]) und in den Declamationen der Rhetoren ist in völliger Übereinstimmung mit der angeführten L. 13 sogar von einer dreifsigtägigen die Rede[2]). Dafs aber der Kaiser sich fügte hat ihm Ambrosius nicht vergessen. An seinem Grabe bekannte er fünf Jahre später: er habe diesen Mann geliebt, weil er ernste Vorstellungen der Schmeichelei vorzog und weil er, der Kaiser, sich nicht gescheut habe vor öffentlicher Bufse, wie er nie aufgehört seine leidenschaftliche Verirrung zu beklagen.

Der hier berührte Bildungsgang des Ambrosius beseitigt zugleich die Bedenken, welche man in Betreff der Rechtskenntnifs des Kirchenlehrers geltend machen könnte.

Dafs er des öffentlichen Rechts, namentlich des Verwaltungsrechts mächtig war, beweisen nicht nur einzelne Äufserungen über das Ressort und die Vertretung des Präfectus Prätorio und des Präfectus Urbi (ad Coloss. cap. 2. serm. 90), sondern die ganze Stellung, welche Ambrosius am Hofe wie im Mittelpunkte der Staatsverwaltung einnahm und die sich selbst in den freieren Formen der Geselligkeit von der Ascese der Provinzialbischöfe sehr wesentlich unterschied. 'Memini, sagt Sulpicius Severus im dialogus 1, 26 p. 178 ed. Halm 1866, memini Vincentium praefectum, virum egregium et quo nullus sit intra Gallias omni virtutium genere praestantior, dum Turonos praeteriret, a Martino saepius poposcisse, ut ei convivium in suo monasterio daret — in quo quidem exemplum beati Ambrosi episcopi praeferebat, qui eo tempore consules et praefectos subinde pascere ferebatur — sed virum altioris ingenii, ne qua ex hoc vanitas adque inflatio obreperet, noluisse'.

Dafs Ambrosius aber auch des mosaischen, des altbürgerlichen Rechts (ius civile) und der neuen Constitutionen des Theodosius, also gerade der drei Elemente, welche in der Collatio zu einem Ganzen verarbeitet werden, vollkommen mächtig war, lehrt der Brief an den Paternus um das Jahr 395 (Tom. 2. p. 1017 — 1020 der Benedictiner-Ausgabe), in welchem das Eheverbot mit der Schwestertochter nach den angeführten drei Rechten

[1]) Tacit. ann. 3, 51 'ne decreta patrum ante diem decimum ad aerarium deferrentur idque vitae spatium damnatis prorogaretur'. Sueton. Tiber. 75. Seneca de tranquill. animi c. 14. Dio 57, 20. 58. in fin.

[2]) Quinctil. declam. 313. Calpurnius Flacc. declam. 25. Ebenso Sidon. ep. 1, 7.

mit voller Sachkenntnifs erörtert wird. Ferner die Bemerkungen über bonorum possessio cum und sine re und über die cretio in einem Brief an den Clementianus (ep. 75 daselbst p. 1083, wo es § 3 wörtlich heifst: 'sunt heredes sine re, sunt et cum re et dicuntur heredes testatore vivente qui scripti sunt, set sine re'; und § 6 'tamquam clausis ergo tabulis cernit hereditatem, non possidet'), über dolus und dulpa (de off. 3, 10) u. a. m.

Es kann also nach dem Bisherigen keinem Zweifel unterliegen, dafs sich Ambrosius vollkommen zum Verfasser eines Buchs wie die Collatio eignen würde. Pafst aber umgekehrt der Name, die Grundlage, die Sprache und die Chronologie der Collatio auch zu ihm?

Dafs die Compilation seinen Namen nicht trägt darf vor Allem nicht als Gegenargument benutzt werden. Sie durfte ihn schon deshalb entschieden nicht führen, weil sie als Lex Dei Gottes Gebot, in ihrem römischen Bestandtheil aber das bestehende weltliche Recht enthalten sollte und nur zur Noth einige dürftige eigene Worte des Verfassers einschaltet.

Dies ist aber ganz im Geiste des Ambrosius. Denn die Anschauung, dafs das Gesetz Mosis auch für die Christen die Quelle des Rechts sei, so weit es Gottes Gebot enthält, begegnet auch in seinen andern Schriften. Des Briefes von Paternus ist schon gedacht worden. In der Schrift de fuga saeculi[1]) stellt er das natürliche und das geschriebene Gesetz einander gleich. Ersteres habe die Natur allen Menschen ins Herz gegeben, letzteres sei durch Moses auf den Gesetzestafeln verzeichnet. Die Evangelien, welche an den einfachen patriarchalischen Zustand des jüdischen Volks anknüpfen, gelten ihm nicht als Rechtsordnung. Und mit dieser Anschauung ist er in seinem vollen Recht. 'Was in dem mosaischen Recht der Zeit angehörte ist mit der Zeit vergangen. Aber vielleicht hat keine Gesetzgebung, selbst nicht die römische, solche Verdienste um das Gefühl des Rechts in den Culturvölkern, als die mosaische. Die zehn Gebote, vor dreitausend Jahren einem kleinen Volk gegeben, bilden noch heute in

[1]) Ambros. de fuga saeculi II. p. 423 n. 15 ed. Bened. 'Lex autem genuina est naturalis et scripta. Naturalis in corde, scripta in tabulis. Omnes ergo sub lege, sed naturali. Cognovisti etiam quae mala sunt. Primum natura ipsa boni operis magistra est. Scis non furandum et servum tuum si furtum tibi fecerit verberas et si quis ad uxorem tuam affectaverit persequendum putas. Quod ergo in aliis reprehendis ipse admittis? Qui praedicas non furandum furaris? Qui dicis non adulterandum adulteras? Secuta est etiam lex quae data est per Moysin'.

Millionen und aber Millionen, so weit Judenthum und Christenthum reichen, das identische Bewufstsein von Recht und Unrecht und greifen auch in den Islam ein. Das Volk lernt aus dem kurzen und klaren Dekalogus, welchen es sich als seine in Wenigem viel gebenden ῥῆτραι einprägt, das Recht und das Sittliche und wiederum das Sittliche und den Glauben an den Einen Gott in Eins fassen; und daher ist sein Sprichwort 'von Gottes und Rechts wegen' ein Ausdruck seiner eigensten Empfindung'. (Trendelenburg, Naturrecht 2. Ausgabe 1868 S. 108. 109).

Die Auswahl römischer Rechtsquellen[1]), auf welche die Collatio sich beschränkt, entspricht dem oben erwähnten Bildungsgange und der staatsmännnischen Laufbahn des Ambrosius. Die Institutionenstellen des Gaius, die pars de iudiciis aus dem Ulpianischen Edictscommentar, die Responsen Papinian's gehören dem dreijährigen Lehrcursus der römischen Rechtsschule an. Dafs Gaius vor Valentinian III (426) kein ius respondendi hatte, kommt hier, wo es sich de lege ferenda handelte, überall nicht in Betracht. Die beiden Rescriptensammlungen und die einzelnen Extravaganten des neuern christlichen Constitutionenrechts, die zahlreichen Citate aus Paulus Sentenzen und Ulpians Schrift de officio proconsulis, so wie die zahlreichen kleinern Schriften, entsprechen dem eigenen Studien und der praktischen juristischen und Verwaltungslaufbahn, die Ambrosius durchmessen hatte. Die Beschränkung auf die römischen Culturelemente aber, so wie der Ausschlufs aller neuern, namentlich aller germanischen Rechtsanschauungen, bedarf keiner weiteren Erklärung, sobald man die römische Abkunft des Ambrosius und seine Stellung im Sprengel der italischen Präfectur in Betracht zieht.

Die Sprache in allen sechs Stellen der Collatio, in denen der Verfasser selbst das Wort nimmt, vorzüglich 6, 4 und 5 und 14, 3 § 6, ist ohne rhetorischen Schwulst und verräth einen juristisch gebildeten Verfasser. Quia für quod, welches den gröfsesten Anstofs erregt hat, wird von Ambrosius, wenn auch weniger häufig als quod gebraucht[2]).

---

[1]) Ein Verzeichnifs giebt Blume p. 194 — 197, worin jedoch die Stelle 5, 3 mit Unrecht auf den Theodosischen Codex zurückgeführt ist.

[2]) Ambros. ep. 21 n. 7. 'Omitto, quia iam ipse populus iudicavit: omitto quia cum quem habet, de patre Clementiae tuae postulavit. taceo quia pater pietatis tuae quietem futuram spopondit si electus susciperet sacerdotium'. — Ad plenum für perfecte hat schon Horat. Od. 1, 17, 14. Vergil. Georg. 2, 244, dann Veget. 3, 9. Hieronymus vit. Hilarion.

Und wie gewinnt das scitote iurisconsulti quia Moyses prius hoc statuit (7, 1) an Klarheit und Bestimmtheit, wenn man die iuris consulti von den iudices unterscheidet und unter jenen die stolzen heidnischen Nomotheten der alten Hauptstadt versteht, denen Ambrosius ihre zwölf Tafeln nicht minder streitig macht, wie der senatorischen Aristocratie ihren Victorienaltar.

Ein entscheidendes Moment enthält aber schliefslich die Chronologie. Die öfter angeführten Worte hoc quidem iuris est, mentem tamen legis Moysis imperatoris Theodosii constitutio ad plenum secuta cognoscitur 5, 2, womit die Erwähnung des Theodosischen Gesetzes vom Jahr 390 eingeleitet wird, welches die alte Hauptstadt von den unnatürlichen Lastern zu reinigen versuchte in die sie versunken war, enthalten im Munde des Ambrosius ein schönes und verdientes öffentliches Zeugnifs für den Kaiser, welcher nicht nur den Geist seiner Kirche durch seine Reue geehrt, sondern zugleich den sittlichen Ernst ihrer rechtlichen Grundlagen begriffen hatte. Dafs nur Theodosius allein, nicht auch seine Mitregenten, genannt wird und dafs dies in der einfachen Weise geschieht, welche Ambrosius dem Kaiser gegenüber selbst in der persönlichen Anrede clementia tua im Gegensatz der überschwänglichen Formen jener Zeit zu beobachten pflegt, bestätigt die Annahme, dafs jene Worte von ihm herrühren, nur um so mehr.

VII.

Nach allen diesen Beweisgründen bleibt nur noch der von Ebedjesu erwähnte Befehl Valentinian's des Ersten zu erörtern, durch welchen dem Ambrosius eine Nomothesie eingeräumt zu sein scheint, wie sie kaum die vorchristlichen Kaiser ihren iuris conditores in Rom zu verleihen pflegten[1]), während die Collatio 7, 1 gerade diese letztere Auctorität nicht mehr gelten lassen will.

Die mündliche Form, falls in solcher der Auftrag ertheilt sein sollte, würde keine unübersteigliche Schwierigkeit machen. Gratians Gesetz vom Jahre 383 über die Ungültigkeit geheimer kaiserlicher Aufträge ohne förmliches schriftliches Creditiv[2]) bezog sich nur auf die Beglaubi-

[1]) Gai. 1, 7.

[2]) L. un. C. Th. de mandatis principum (1, 3), L. 1 C. Iust. eodem (1, 15).

gung der Tribuni, Notarii und Comites, deren sich die Kaiser zu Spezialcommissionen zu bedienen pflegten, nicht auf Abkommen zwischen den höchsten Staats- und Kirchengewalten.

Eben so wenig darf der sechszehnjährige Aufschub befremden, welcher zwischen dem Auftrage Valentinians des Ersten im Jahr 374 und dem Erscheinen der Collatio unter Theodosius dem Großen im Jahre 390 in der Mitte liegt. Der baldige Tod Valentinian's im Jahre 375 und die Aufgaben des mailändischen Bischofsamts unter der folgenden Regierung würden allein schon genügen, um jenen Aufschub zu erklären, nicht zu gedenken, daſs die Constitution von 390 späterer Zusatz sein könnte.

Dagegen bleibt anscheinend noch das Dilemma, auf welches bereits oben (II am Ende) hingewiesen wurde: entweder hat der ältere Valentinian die Erlassung der Collatio anbefohlen, dann müſste sie Staatsgesetz sein, welches ja doch entschieden verneint werden muſs, oder sie ist ohne kaiserliche Auctorisation erlassen, dann mag sie als eine theoretische Apologie der mosaischen Rechts gelten, aber eine äuſsere praktische Auctorität für die Behörden kann sie nicht haben.

Der Ausweg aus dieser bedenklichen Alternative wäre leicht gefunden, wenn man unter den praefecti regionum nicht die iudices ordinarii und die Gerichtsbarkeit des Staats, sondern die Bischöfe und die kirchliche Jurisdiction verstehen dürfte.

Dies ist nun zwar durch Herrn Rödigers Übersetzung ausgeschlossen: ἡγεμόνες sind in der That nicht Igumenen, sondern praesides provinciarum.

Allein es öffnet sich ein anderer Ausweg, sobald man den Auftrag Valentinians nur nicht auf die Gesetzgebung, sondern auf die ordentliche und auſserordentliche Gerichtsbarkeit der Kirche bezieht.

Eine schiedsmännische Cognition im bürgerlichen Rechtsstreit hatten die Bischöfe seit der Apostel Zeiten unbestritten geübt. Daſs die Appellation an die Gerichte des Staats ausgeschlossen war, versteht sich nach dem gemeinen Recht des Compromisses von selbst, daſs die erste Instanz theilweise den geistlichen Gerichten zufiel, war Folge ihrer bessern Justiz. Aber Ambrosius sprach auch die höhere Stufe der Gerichtsbarkeit, die Strafjustiz in Glaubenssachen und gegen Cleriker an, den Blutbann in todeswürdigen Verbrechen den die Kirche nicht begehrt und die eigentliche Criminaljustiz in andern schweren Kapitalfällen natürlich ausgenommen[1]) und er behauptet Valentinian der Erste habe auch diese Forderung zugestanden, 'pater tuus, schreibt er an Valentinian den Zweiten, Deo favente vir maturioris aevi, dicebat: non est meum iudicare inter episcopos, tua nunc dicit clementia: debeo iudicare'[2]). Hatten doch schon die heidnischen Pontifices eine entsprechende Disciplinar- und Strafgewalt. Zu dieser ordentlichen bischöflichen Jurisdiction kommt endlich noch die bischöfliche Intercession, die an das Veto des alten Tribunats erinnert, nur dafs sie nicht auf politischen sondern auf sittlich religiösen Gründen beruhte. Die heidnischen Beamten fufsten auf der Auctorität des von Alters bestehenden Rechtszustandes wenn sie unter andern gegen Verbrechen, die auf dem Wahnglauben beruhten, wie die Zauberei, unter Valentinian I mit jener rücksichtlosen Härte einschritten, welche Ambrosius gleich bei seinem Amtsantritt dem Kaiser mit höchstem Freimuth vorstellte[3]), oder wenn sie, wie Symmachus[4]), ihren Victorienaltar mittels Berufung auf die Auctorität des römischen Alterthums vertheidigten. Die christlichen Richter dagegen fühlten die ganze Unsicherheit des Übergangsstadiums und bedurften der Unterweisungen ihrer Kirche. Diese finden sich daher in den Kirchengesetzen schon frühzeitig. Im Jahre 305 verfügte das Concil zu Elvira[5]), dafs selbst die Duoviri in den spanischen Municipien im Amtsjahr die Kirche nicht betreten dürften, obgleich sie den Blutbann nicht

---

[1]) Godefroi zu L. 12. 23. 41. 47. C. Th. de ep. et cler. (16, 2) Bethmann-Hollweg Civ. Pr. III. § 139 Note 22.

[2]) Vgl. Ambrosii ep. 21, 5 cf. ib. 3 augustae memoriae pater tuus non solum sermone respondit, sed etiam legibus suis sanxit: *in causa fidei vel ecclesiastici alicuius ordinis eum iudicare debere qui nec munere impari sit nec iure dissimilis.* haec enim verba rescripti sunt. hoc est sacerdotes de sacerdotibus voluit iudicare. quin etiam si alias quoque argueretur episcopus et morum esset examinanda causa, etiam haec voluit ad episcopale iudicium pertinere. Eine entsprechende mündliche Äufserung berichtet Sozomenus 6, c. 7; das angezogene Rescript scheint verloren.

[3]) Theodoret. 4, 7 ὁ θεῖος Ἀμβρόσιος σὺν παῤῥησίᾳ πλείστῃ τῷ βασιλεῖ διαλεγόμενος ἐπεμέμψατό τισιν ὡς οὐκ εὖ παρὰ τῶν ἀρχόντων γεγενημένοις.

[4]) Symmach. ep. 2, ep. 7. 10. ep. 61.

[5]) can. 56. Magistratum uno anno, quo agit duumviratum, prohibendum placuit, ut se ab ecclesia cohibeat.

verwalteten. Im Jahre 314 beschlofs das Concil zu Arles[1]) die Präsides zwar nicht auszuschliefsen, aber nur so lange als sie die christliche Disciplin nicht verletzten. Ambrosius selbst erklärt in einem Briefe an den Studicus, einen Staatsbeamten der sich um Belehrung an ihn gewandt hatte, er sei nach apostolischem Ausspruch berechtigt, ein Todesurtheil zu fällen, es sei aber ein löblicher Gebrauch sich dann freiwillig der Kirchengemeinschaft zu enthalten[2]). Aber auch von staatlicher Seite wurde das sittliche Aufsichts- und Intercessionsrecht der Bischöfe allmälig anerkannt. Die Sorge für die Gefangenen hatte schon Honorius 409 für eine bischöfliche Amtspflicht erklärt[3]), Justinian erliefs darüber eine allgemeine Ordnung[4]). Ein noch früheres Zusammengehen der Staats- und Kirchengewalt würde sich ergeben, wenn wir Valentinian's Auftrag und Ambrosius Ausführung desselben auf die Collatio beziehen dürften.

Der Inhalt pafst dazu vollkommen. Die Todesstrafe im fünften Titel entspricht dem Grundsatz, welchen Ambrosius dem Studicus gegenüber ausspricht. Die Hinweisung auf das mosaische Recht als gemeinsame Grundlage des Rechtszustandes enthält eine sehr klug gewählte Vermittlung. Der heidnischen Partei zeigt sie ein noch höheres Alterthum als ihr römisches, die christliche versöhnt sie mit dem überkommenen römischen Recht durch Aufzeigung der gemeinsamen Grundlage.

Aber auch die ferneren Schicksale der Collatio bestätigen unsere Annahme. Denn dem Beispiel der Collatio und den Grundsätzen des mailändischen Bischofs — vorausgesetzt dafs dieser ihr Verfasser ist — folgten andere Glieder des Episcopats.

Es kamen allerdings nach und nach neuere Sammlungen des römischen Rechts in Gebrauch, welche den kirchlichen Organen das nothwendige neuere Material zuführten, so im fünften Jahrhundert die Leges Constantini, Theodosii et Leonis, später die Sammlungen welche Justinianisches Recht, namentlich Codex und Julian, für kirchliche Zwecke

---

[1]) can. 7. Litteras accipiant ecclesiasticas communicatorias cum coeperint contra disciplinam agere.

[2]) Ambrosii ep. ad Studicum lib. VII. ep. 58. Vgl. Neander, Kirchengesch. 2, 1 S. 301f.

[3]) L. 7 C. Th. de custodia reor. (9, 3).

[4]) L. 22 C. I. de ep. aud. (1, 4) a. 529. Nov. 86 c. 1. 2. 4. Nov. 123 c. 21. Bethmann-Hollweg Civilpr. III (1866) S. 115 Note 25 — 28.

verwertheten, wie die constitutiones Iustiniani[1]) und die Lex Romana canonice compta[2]). Allein die Collatio erhielt sich im Gebrauch neben dem Julian, ja als dessen ältere Grundlage und Correctiv handschriftlich mit ihm verbunden bis in's frühere Mittelalter. Dies ergeben folgende Thatsachen.

Im Anfange des neunten Jahrhunderts fügte Bischof Remedius von Chur der Sanct Galler Epitome des Breviariums eine Anzahl sogenannter Hauptstücke (capitula) als Nachtrag hinzu, welche augenscheinlich aus der Collatio genommen sind[3]).

In demselben Jahrhundert entlehnte Erzbischof Hincmar von Rheims († 882) in der Ehescheidungssache Lothars des Zweiten und der Thietberga aus der Collatio zwei Gesetzesstellen, welche im Abschnitt de stupratoribus und de incestis nuptiis standen. Er entnahm sie einer neuen und allgemein verbreiteten kirchlichen Sammlung römischer Rechtsquellen, welche in Bücher getheilt war, die wieder in Kapitel zerfielen. In dieser Sammlung stand die Collatio im ersten Buch und ihr fünfter Titel de stupratoribus war als sechstes Kapitel rubriciert. Der letztere hatte noch den Zusatz et turpibus nuptiis, welcher in der Collatio fehlt. Im sechsten Buch standen Auszüge aus dem Theodosischen Codex. Die Sammlung war also wie es scheint nach der Chronologie der Rechtsquellen geordnet und die Collatio bildete als die älteste den Anfang[4]).

Eine ungedruckte Canonensammlung des elften Jahrhunderts in fünf Büchern, welche in einer Vaticanischen Handschrift (Nr. 1339) und einer zweiten zu Montecasino (Nr. 216) erhalten ist und in Oberitalien

---

[1]) Hänel, Verhandl. der sächs. Gesellsch. 1857. S. 12—21.

[2]) Maassen, über eine lex Romana canonice compta. Wien 1860. S. 14f.

[3]) Sie stehen in dem Cod. S. Gall. 722 und sind abgedruckt bei Hänel lex Visigothorum p. 455, vgl. Friedrich von Wyſs im Archiv für Schweizer. Geschichte 1851. VII. S. 205—227.

[4]) Hincmar. de divort. Lothar. 12 p. 627. Et scriptum est in libro Levitici 'qui dormierit cum masculo coitu femineo, uterque operatus est nefas, morte moriantur'. unde et leges romanae decernunt in capitulis de stupratoribus quod legens quisque invenerit. p. 634 'sicut in primo libro legis romanae capitulo sexto de stupratoribus et in capitulo septimo de incestis et turpibus nuptiis praecipitur et in ceteris quae christiana iura depromunt iusti iudices legere possunt'. Savigny Gesch. des röm. Rechts im Mittelalter II, S. 280f. S. 284f.

verfaſst ward, benutzt in einer Stelle IV, 106 de homicidis qui aliquando absolvuntur aliquando damnantur Iustinianus rex die Collatio 1, 7. Da sie zugleich den Julian excerpiert, so hat der Verfasser augenscheinlich eine Handschrift benutzt 'in welcher die Lex Dei mit Julian in derselben Weise verbunden war wie im Codex von Vercelli, von welchem Blume berichtet'[1]).

Endlich ist auch noch die Provenienz der drei Handschriften der Collatio zu beachten. Die älteste, die jetzige Berliner, fand Tilius in einer sehr alten Bibliothek der Freigrafschaft oder Burgund's, in welcher sie seit dem achten oder neunten Jahrhundert verborgen war, wenn anders der Fundort richtig angegeben ist, denn Pithou sah sie in Saint Denys und sowohl Scaligers Abschrift als Pithous Ausgabe stammen aus ihr her. Die beiden jüngern Codices aus dem elften Jahrhundert stammen aus der Lombardei, der eine gehört noch jetzt dem Domcapitel zu Vercelli, der andere kam nach Salzburg und von da nach Wien. Alle drei Handschriften sind unvollständig, selbst die älteste, die es weniger als die anderen ist. Und alle drei entstammen einer und derselben Quelle, welche um so eher in Mailand zu suchen sein wird, als wenigstens Vercelli der Mailänder Kirchenprovinz angehört.

In jedem Fall ist es keine geringe Bestätigung der aufgestellten Ansicht, daſs alle diese mittelalterlichen Benutzungen und Überlieferungen der Collatio bischöflichen oder erzbischöflichen Sitzen angehören, da sie eben dadurch auf die kirchliche Jurisdiction hinweisen, für welche sie bestimmt war.

VIII.

Zum Schluſs müssen jedoch noch einige Gegengründe geprüft werden, welche der aufgestellten Hypothese entgegen gehalten werden könnten.

Manche werden fortfahren dem Zeugniſs des Ebedjesu jedes Gewicht abzusprechen, wenn nicht als dem eines häretischen, so doch als eines nach Zeit und Ort der berichteten Thatsache fern stehenden Schriftstellers. Diesen gegenüber kann nur wiederholt werden, was bereits gegen Assemani bemerkt worden ist, daſs das Zeugniſs mit groſser Bestimmtheit

---

[1]) Savigny, Geschichte des R. R. 2, S. 299 und 7 S. 75.

auftritt, daſs es Rechtsquelleu betrifft, über welche der Metropolit der Nestorianer unterrichtet sein konnte und daſs diesem in seiner Stellung, wenn nicht das Werk des Ambrosius selbst, doch die unverächtlichen Traditionen der Schule von Nisibis zu Gebote standen.

Diejenigen aber, welche das Zeugniſs des Metropoliten von Nisibis gelten lassen, werden vielleicht entgegnen, daſs ein anderes Werk aus den Zeiten der Codificationsbestrebungen, welche mit der Erschütterung der alten Staats- und Rechtsordnung anhebend erst durch Justinian ihren Abschluſs fanden, dem Auftrage Valentinians und der juristisch politischen Bildungsstufe des Ambrosius besser entsprechen würde, als die mehr theoretische, principielle und strafrechtliche Collatio. Dieses andere Werk sind die durch einen Bobienser Palimpsest überlieferten sogenannten Vaticanischen Fragmente, deren jüngste Constitution von Valentinian I herrührt und 372, also nur zwei Jahre vor der Bischofswahl des Ambrosius erlassen ist.

Dieser Annahme würden jedoch folgende Gründe entgegen stehen:

Erstlich sind die Vaticanischen Fragmente die Arbeit einer aus mehreren Mitarbeitern zusammengesetzten Gesetzgebungscommission, deren Sitzungen bis 389 gewährt haben könnten, wenn man die Nachricht in der Chronik des Idatius legesque Romanorum integra emendatione edidit und den Vers des Claudian (Iustitia) dicit oppressa, tenebroso e carcere leges (in Rufinum 1, 56) von einem Gesetzcodex, nicht von den bei Theodosius des Groſsen Einzuge in Rom erlassenen zahlreichen Einzelgesetzen verstehen dürfte. Angenommen nun, Ambrosius wäre mit der Bildung oder dem Vorsitz einer solchen Commission von Valentinian I betraut gewesen, so könnte dieses nur geschehen sein als er noch Statthalter war, nach Ebedjesus ist aber der Auftrag dem Bischof ertheilt.

Zweitens enthalten die Vaticanischen Fragmente die Bruchstücke eines allgemeinen Gesetzcodex für sämmtliche Staatsangehörigen, der Auftrag des Ambrosius dagegen soll sich auf die praefecti regionum (ἡγεμόσι), d. h. die weltlichen Behörden bezogen haben die in dem Widerstreit heidnischer und christlicher Rechtsprincipien vor Allem eines Wegweisers und einer Beruhigung ihres Gewissens bedurften. Es liegt auf der Hand, daſs dieser Aufgabe durch die tiefere principielle Übereinstimmung, welche die Collatio aufweist und durchführt, besser als durch die Vaticanischen Fragmente gelöst wird.

Endlich drittens wird die Intestaterbfolge, von welcher Ebedjesu ausgeht, in der Collatio ausführlich behandelt, in den Vaticanischen Fragmenten ist dafür wenig Raum, denn zwischen der Ablehnung der Vormundschaft und den Schenkungen fehlt ein einziger Quaternio und doch ergiebt ein Blick auf Paulus Sentenzen 2, 30 bis 5, 11, wie viele Rechtsinstitute nach der Edictsordnung hier Platz finden mufsten.

So lange daher eine Betheiligung des Ambrosius auch an den Vaticanischen Fragmenten nicht nachgewiesen werden kann, dürfte die Präsumption für die Collatio als die dem bischöflichen Amt entsprechendere aufrecht zu erhalten sein.

Anhang.

'Nachträglich mögen noch einige Beweise gegen die Abfassung der Collatio durch Rufinus und für die Auctorschaft des Ambrosius angeführt werden, welche den von beiden herrührenden Bibelcitaten entnommen sind.

In der Collatio V, 1 § 1. 2. lautet die Übersetzung von Deuteronom. 18, 10. 11: 'Non inveniatur in te ... divinus, apud quem sortes tollas, nec consentias venenariis impostoribus, qui dicunt quid conceptum habeat mulier, quoniam fabulae seductoriae sunt. Nec intendas prodigia, nec interroges mortuos.

Non inveniatur in te augurator, nec inspector avium, nec maleficus, aut incantator, nec Pitonem (=Pythonem) habens in ventrem, nec aruspex, nec interrogator mortuorum, nec portenta inspiciens.'

Rufinus homil. Origen. XVI in Numer. § 7 citiert sie dagegen also: 'Non inveniatur in te .... divinans divinatione neque sortiens sortibus neque maleficus neque incantator neque ventriloquus neque portentorum inspector neque interrogans mortuos.'

Bei Ambrosius finde ich keine der in die Collatio aufgenommenen Stellen des Pentateuch verzeichnet. Allein aus den zahlreichen Stellen der heiligen Schriften bei Ambrosius geht wenigstens so viel hervor, dafs auch er nicht die Vulgata, sondern gleich dem Pariator die Itala d. h. eine ältere rustikere vorhieronymianische Übersetzung gebraucht hat. Unter den unzähligen Beispielen hebe ich hervor: Ambros. Enarr. Psalm. 43. 'qui habet magnum cetum captivum reddere.' Vulg. 'qui parati sunt suscitare Leviathan.' Ambros. comm. in ev. Luc. II. 'Agnovit bos possessorem suum et asina praesepe domini sui — *imo praesepium dixerim, sicut scripsit qui transtulit*'. Vulg. 'Cognovit — et asinus praesepe domini sui'. Eine grofse Zahl anderer Beispiele giebt Hermann Rönsch, Beiträge zur patristischen Bezeugung der biblischen Textgestalt und Latinität. I aus Ambrosius, in Kahnis Zeitschr. für die histor. Theologie. Leipzig 1869. Heft 3. S. 446f.

Kolibri 360 GmbH
Ferdinand-Jühlke-Straße 7
99095 Erfurt, Deutschland
produktsicherheit@kolibri360.de